Algunos actores estatales y no estatales deciden matar civiles o aplican estrategias en las que es muy probable que mueran civiles. Algunos gobiernos deciden proteger a sus ciudadanos: mantener su seguridad. Otros no protegen a toda la población, o no lo suficiente. Hay, sin embargo, ejemplos de protección de civiles que muestran lo que los gobiernos y otros actores pueden hacer si así lo deciden. Les conviene hacerlo, porque las atrocidades en masa avivan los conflictos que, en un mundo interdependiente, generan amenazas para la seguridad que no es posible contener. Y un número creciente de gobiernos tiene además un 'interés moral', porque sus electores esperan que contribuyan a prevenir las atrocidades que se retransmiten por todo el mundo gracias a las modernas tecnologías de la información, no que se limiten sólo a condenarlas.

Los gobiernos y otros actores pueden reducir las atrocidades en masa que asolan el mundo en los comienzos del siglo XXI. Para ello, tienen que realizar cuatro cambios. Deben:

- Hacer de la protección de los civiles la prioridad absoluta en la respuesta a los conflictos en cualquier lugar, trabajando activamente para protegerlos y manteniendo como piedra angular de su política la Responsabilidad de Proteger a los civiles de las atrocidades en masa, acordada en 2005 en la Cumbre Mundial de Naciones Unidas.
- Adoptar una tolerancia cero para los crímenes de guerra –ya se cometan en actuaciones contra el terrorismo o en cualquier otra circunstancia– aplicando el mismo estándar de rechazo internacional a los crímenes de guerra cometidos por amigos o por enemigos.
- Actuar con mucha más rapidez para hacer frente a las tendencias que amenazan con nuevos conflictos o con prolongar los ya existentes –incluyendo la pobreza y la desigualdad, el cambio climático y la proliferación de armamento– de manera que podamos mejorar tanto en la prevención como en la reacción ante los conflictos.
- Aunar actuaciones eficaces a todos los niveles, desde las comunidades locales al Consejo de Seguridad de las Naciones Unidas, para que se actúe internacionalmente de forma alineada con el trabajo en terreno. Para lograrlo, se debe reformar con urgencia el funcionamiento del Consejo de Seguridad dotándole de una mayor transparencia y de mecanismos de rendición de cuentas, de manera que los miembros del Consejo tengan que dar cuentas de su actuación en pro de la paz y la seguridad internacional, incluyendo su Responsabilidad de Proteger a los civiles de las atrocidades en masa. Todos los miembros permanentes del Consejo de Seguridad deben renunciar al uso del veto en la discusión de situaciones relacionadas con crímenes de guerra en curso o incipientes, crímenes contra la humanidad, limpieza étnica y genocidio.

Muerte de civiles

Según estimaciones realizadas en 2006, las guerras en RDC, Darfur e Iraq matan alrededor de 750.000 personas al año. Una cifra 30 veces superior al número de víctimas que cada año se cobra el terrorismo internacional, pero que representa tan solo una fracción de las personas que mueren o son secuestradas en los 31 conflictos más importantes que existen en la actualidad, la mayoría de ellos al margen del panorama informativo más allá de sus fronteras. Es más, la gran mayoría son conflictos internos, a menudo activos durante décadas y largamente olvidados por el mundo exterior, como los de Colombia o Sri Lanka.

Sin embargo, algunas cosas sí *cambian*. Desde 2001, la 'guerra contra el terror' ha tenido su efecto sobre la mayoría de los conflictos del mundo. En 2006, el 63 por ciento de los nuevos refugiados procedían de los dos países que constituyen sus principales frentes, Iraq y Afganistán. La invasión de Somalia por Etiopía ese año, tolerada por occidente como parte de la 'guerra contra el terror', contribuyó a la nueva situación de crisis humanitaria que sufre el país y que persiste hoy en día. En 2007, por segundo año consecutivo, buscaron asilo en países industrializados más ciudadanos iraquíes que de ninguna otra nacionalidad.

Shaista Aziz/Oxfam

La escuela de Ashbal-el-sahel, en el sur de Beirut, quedó inutilizada tras un ataque aéreo de Israel en 2006.

El terrorismo, por su propia naturaleza, es un crimen contra los civiles, y la 'guerra contra el terror' se ha perpetrado en nombre de la protección de los civiles frente a él. Todo gobierno tiene la responsabilidad de vencer el terrorismo y de proteger a sus ciudadanos frente a atrocidades de todo tipo. No obstante, en la lucha contra el terrorismo algunos gobiernos han perdido de vista este objetivo y han permitido la muerte de muchos civiles. En 2006, los ataques aéreos de Israel mataron en torno a mil civiles libaneses en un intento fallido de acabar con la amenaza de Hezbollah. Como dijo en 2007 el secretario general de las Naciones Unidas Ban Ki-moon, esos ataques ejemplificaron una tendencia, más amplia y letal, 'a sopesar las bajas civiles frente a ventajas militares difícilmente perceptibles'; en otras palabras, a justificar un elevado número de muertes de civiles por una relativamente pequeña victoria en la 'guerra contra el terror'.

Esta tendencia es una de las razones del fracaso de la 'guerra contra el terror' frente al terrorismo mundial. El 11 de septiembre no se ha repetido, pero el terrorismo mundial y el número de ataques en Oriente Medio y en Europa se ha incrementado significativamente. En parte, se ha visto avivado por la furia ante la invasión de Iraq y por la conducta internacional de la 'guerra contra el terror' en sí misma. Buena parte de esa conducta ha sido contraproducente. Los insurgentes no han tenido dificultad en explotar las hostilidades generadas por Abu Ghraib y por otros abusos; como dijo un hombre afgano en 2007:

> *Los talibanes mataron a dos miembros de mi familia. Las fuerzas invasoras, a 16. Es fácil imaginar de que lado estoy.*

A partir de 2009, el nuevo presidente de Estados Unidos no será responsable de lo hecho con anterioridad en la 'guerra contra el terror'. En realidad, la nueva Administración estadounidense tiene un potencial inigualable para liderar la acción internacional hacia la protección de los civiles en todo el mundo. Tiene la oportunidad de restablecer la confianza internacional en el liderazgo estadounidense. Para ello, un nuevo compromiso con la protección de los civiles y con el respeto del derecho humanitario internacional, sería una clara señal de que Estados Unidos quiere trabajar con la opinión pública interna-cional para llevar a cabo un liderazgo desde una posición de fuerza moral.

Hasta la fecha, la 'guerra contra el terror' ha eclipsado otras crisis como la de RDC que ha matado a mucha más gente que el terrorismo global. Con un número de víctimas que dobla con creces al de Iraq, la RDC ha perdido el 8 por ciento de su población a causa del conflicto, y la hambruna y las enfermedades que ha traído consigo. Si Estados Unidos perdiera un porcentaje similar de civiles, habrían muerto 25 millones de personas, un número superior a la población de Texas. En China, la cifra sería de 110 millones de personas, superior a la población del delta del Yangtzé. Sin embargo, la catástrofe de RDC ha recibido escasa atención informativa en todo el mundo.

Peligros reales y futuros

Es habitual congratularse del descenso del número de conflictos desde el final de la Guerra Fría. Se trata de una peligrosa verdad a medias. Si bien el número de conflictos ha descendido sustancialmente, la evidencia sugiere que esta tendencia no va a continuar. El peligro de nuevas guerras, el fracaso de precarios acuerdos de paz, la explotación política de la pobreza y las desigualdades, y el impacto desestabilizador del cambio climático arrojan dudas sobre un descenso continuado del número de conflictos.

Un informe de 2007 estimaba que 46 países, con una población total de 2.700 millones de personas, afrontan 'un alto riesgo de conflicto violento' debido al 'doble riesgo' que supone el hecho de que el cambio climático exacerba las amenazas tradicionales a la seguridad. Tal es el caso de las grandes desigualdades existentes entre diferentes grupos, que pueden ser explotadas con tanta facilidad por los extremistas. Para adaptarse al cambio climático todos esos países deben reducir las desigualdades, no aumentarlas. Si una parte de ellos no lo hace, en las próximas décadas podemos ver un aumento significativo del número de conflictos armados. Con más urgencia aún, se estima que el *actual* fracaso del mundo para reducir la pobreza y las desigualdades significa que, en los cinco años que restan para 2013, cada uno de los países más pobres del mundo tiene una posibilidad entre seis de sufrir una guerra civil.

Además existe un amplio abanico de amenazas adicionales que pueden provocar situaciones importantes de violencia con consecuencias a escala global de aquí al año 2020. En 2008 una encuesta realizada a funcionarios gubernamentales y académicos de más de 20 países identificaba aquellas que, aún no siendo probables, son desde luego posibles, incluyendo el uso de armas de destrucción masiva por terroristas, un intercambio nuclear entre dos países y el colapso de países como Pakistán.

En resumidas cuentas, la amenaza de conflicto –y la muerte de civiles que de manera casi inevitable conlleva– es más grande que nunca, a menos que el mundo actúe de forma sustancialmente más efectiva para reducirla. Oxfam sostiene que podemos y debemos hacerlo.

¿Por qué proteger a los civiles?

Se debe proteger a los civiles porque es lo correcto, y porque redunda en el interés de la gran mayoría.

En primer lugar, el argumento moral es simple. Toda persona tiene derecho a ser protegida del asesinato, la violación y el desplazamiento forzado. Hace 60 años, en diciembre de 1948, la Declaración Universal de Derechos Humanos prometía a todos el derecho a 'la vida, la libertad y la seguridad', el derecho a vivir libre del miedo y de la miseria. Pero en 2008, para millones de personas es una promesa incumplida.

Pronto hará también 60 años desde que se aprobaron los Convenios de Ginebra de 1949, la piedra angular del derecho humanitario internacional. Esta legislación no sólo prohibía la violencia deliberada contra los civiles, sino que también convertía en ilegal cualquier tipo de violencia que tuviera un impacto desproporcionado sobre los civiles con respecto a los fines militares de las partes en lucha.

Con posterioridad, en la Cumbre Mundial de Naciones Unidas de 2005 los gobiernos hicieron la reafirmación más importante de aquellos principios básicos. Casi todos los gobiernos acordaron su 'Responsabilidad de Proteger' a sus poblaciones del genocidio, los crímenes de guerra, la limpieza étnica y los crímenes contra la humanidad. Acordaron también que la comunidad internacional tiene la responsabilidad de contribuir a ello. Los gobiernos del mundo habían dicho 'nunca más' después del Holocausto, de Ruanda y de Srebrenica. Visto el enorme sufrimiento de civiles en los primeros años de guerra en Iraq y Darfur, era el momento de intentarlo de nuevo.

Interés por los derechos

Lamentablemente, para lograr un cambio en la vida de las personas no es suficiente con que los gobiernos desarrollen el derecho internacional, ya que no es probable que ese derecho se aplique a menos que los gobiernos vean que puede apoyar sus propios intereses. De ahí la importancia de reconocer que a casi todo el mundo le *interesa* la protección y la paz, no las atrocidades y el conflicto. A los únicos que no les interesa es a los criminales de guerra y aquellos que, como los irresponsables exportadores y comerciantes de armas, se benefician de la guerra. En seguridad, como en todo lo demás, el mundo es cada vez más interdependiente.

Por un lado, tres cuartas partes de los conflictos son alimentados por armas extranjeras o por una u otra forma de intervención internacional. Por otro, ningún país del mundo es inmune a la inseguridad y a las amenazas que se derivan de conflictos que tienen lugar a miles de kilómetros de distancia. Terroristas entrenados en un continente actúan en otro. El 95 por ciento de las drogas duras que circulan por el mundo proceden de países en guerra. Desde Afganistán hasta Colombia, los conflictos generan refugiados que llegan a Europa, Australia o América del Norte. Los conflictos, cualquiera que sea el lugar en que se desarrollen, pueden tener un impacto importante sobre la economía mundial. Según el economista y premio Nobel Joseph Stiglitz, la guerra de Iraq puede llegar a costar a la economía mundial hasta 6 billones de dólares, el doble que a Estados Unidos. Según Paul Collier, profesor de economía de la Universidad de Oxford, el coste económico de los conflictos es aproximadamente el doble de lo que el mundo ha gastado en ayuda internacional en las últimas décadas. Las investigaciones de Oxfam Internacional indican que, entre 1990 y 2005, los conflictos armados han costado a África una media de 18.000 millones de dólares al año, con unas consecuencias humanas más que evidentes. En comparación con los países en paz, los países africanos en guerra tienen un 50 por ciento más de mortalidad infantil.

En 2008, las crisis de Kenia y Tíbet han atraído la atención internacional precisamente porque pueden tener consecuencias continentales o mundiales. Y gracias a los medios de comunicación globales, Internet y los teléfonos de tercera generación de los manifestantes de las calles de Rangoon, no hay conflicto del que no sepamos absolutamente nada. De manera que los electorados pueden esperar de sus gobiernos que prevengan, no sólo que condenen, las atrocidades que las tecnologías de la información difunden por todo el mundo. Ya no es aceptable el 'realismo' político tradicional, por el cual se puede hacer caso omiso de la ética en las relaciones internacionales. En el siglo XXI, tal y como escribió en 2003 el director general de Asuntos Exteriores de la Unión Europea, la política exterior 'realista' ha dejado de ser realista.

Por esta razón, incluso los gobiernos más ricos del mundo tienen *intereses morales*, junto con los económicos y políticos, como apuntó en 2007 el ministro de Exteriores del Reino Unido. La dimensión de ese interés moral depende de cuánta presión ejerza la ciudadanía para exigir a sus gobiernos que protejan a las personas en sus propios países y alrededor del mundo. Desde Colombia hasta Uganda, las comunidades locales y la sociedad civil ejercen esa presión. Las campañas contra la guerra de Iraq, por la paz en Darfur y por el control del tráfico de armas muestran la solidaridad con las personas que sufren en los conflictos. Unas veces esos esfuerzos tienen éxito, y otras no. A veces, la gente tiene la inquietud de que 'algo hay que hacer' pero se pregunta qué es lo que tiene que pedir a su gobierno que haga. El informe del que ofrecemos este resumen contribuye a dar respuesta a esa pregunta.

El reto ahora está en unificar toda esa acción y expandirla en un movimiento global por los derechos de los civiles, de manera que el interés moral de los gobiernos por proteger se haga más fuerte y asuman la realidad: que en un mundo en el que las amenazas a la seguridad son globales, la opción racional es cumplir con la Responsabilidad de Proteger. Pero ¿cómo hacerlo?

Ejemplos de los que aprender

Podemos proteger a los civiles, y hay ejemplos de los que podemos aprender. Los ejemplos incluyen los éxitos y los fracasos de la comunidad internacional, de los gobiernos que desarrollan mejores estrategias para proteger a sus ciudadanos, y de los desconocidos logros de los propios civiles.

Acción local

Muchas de las personas que viven los conflictos no sólo cuentan historias de muertes y desplazamientos; también actúan frente a ellos, a menudo con medidas desesperadas porque quienes tienen la responsabilidad de protegerles hacen muy poco por ayudarles.

Huyen de la violencia, y se convierten en refugiados o en desplazados internos, porque sus gobiernos y otros actores no están dispuestos o no son capaces de proporcionarles la seguridad que merecen. Algunas veces, los civiles pueden hacer más, haciendo frente a la impunidad de la que con demasiada frecuencia disfrutan los criminales de guerra, o desarrollando estrategias para protegerse ellos y sus familias. En Darfur y en la RDC las mujeres se organizan en grupos cuando salen de sus aldeas o campos para realizar la peligrosa tarea de recoger leña. El éxito nunca es fácil y rara vez completo, pero en diferentes crisis hay ejemplos de civiles que logran resultados. En Mindanao (Filipinas), grupos locales cristianos y musulmanes negociaron juntos con los soldados y con los rebeldes para preservar sus aldeas y para asegurar que las personas desplazadas de sus hogares recibían asistencia humanitaria. En Kenia, la organización nacional *PeaceNet*, jugó un papel fundamental para salvar vidas durante la oleada de violencia que asoló el país a comienzos de 2008. Estableció un 'Centro Neurálgico SMS' que, mediante mensajes de texto, recopilaba información sobre potenciales ataques y avisaba inmediatamente a los Comités de Paz y Seguridad locales que, al menos en algunas circunstancias, pudieron intervenir con rapidez para evitarlos. Por ejemplo, el 28 de enero de 2008 después del asesinato de un miembro del Parlamento en Nairobi, un equipo interceptó a una banda de jóvenes que se dirigía a atacar a otra comunidad, logrando persuadirles para que se dispersaran.

En muchos países, hay experiencias que demuestran que las mujeres son especialmente buenas en actuaciones locales encaminadas a construir la paz. En Burundi, mujeres tutsi y hútu constituyeron el grupo *Habamahoro* para hacer frente a la violencia de los hombres jóvenes de ambas comunidades. En Uganda, mujeres 'animadoras de paz' entrenan a otras en el manejo de conflictos entre comunidades y dentro de ellas.

Campaña local contra la violencia sexual en West Point en Monrovia, Liberia (2007).

Responsabilidad nacional

Ciertamente, los civiles y los grupos de la sociedad civil no pueden hacerlo todo por su cuenta. Los Estados tienen la Responsabilidad de Proteger a sus ciudadanos. También aquí, cuando los gobiernos optan por la protección, hay ejemplos de buenas prácticas. En 2006, Uganda cambió su estrategia y llegó a un acuerdo de alto el fuego con el grupo rebelde Ejército de Resistencia del Señor (ERS), en lugar de continuar con el vano intento de acabar con él por la fuerza. Se dio cuenta de que ahora, en el mundo, se resuelven muchos más conflictos de manera pacífica que por la fuerza, cuatro veces más que en el periodo comprendido entre 2000 y 2005. En los primeros 12 meses de alto el fuego, los ataques del ERS descendieron a solo cinco al mes, y 900.000 desplazados pudieron al menos realizar parte del camino de regreso hacia sus hogares.

Otros gobiernos también han empezado a aplicar políticas que otorgan una mayor prioridad a la protección de los civiles, obteniendo resultados alentadores. Liberia tenía el peor historial de violencia sexual del mundo: durante el conflicto que finalizó en 2003, el 74 por ciento de las mujeres y niñas fueron violadas. Pero con la nueva presidenta, la primera líder elegida en África, el Gobierno está tomando medidas enérgicas contra la violencia sexual, con una nueva ley sobre violación y un Plan de Acción Nacional sobre violencia de género que incluye la reforma de los sistemas legal y sanitario, apoyo psicosocial para las supervivientes, y programas económicos y sociales para mujeres y niñas.

Solidaridad regional

Cuando la presidenta de Liberia, Johnson-Sirleaf, llegó al poder, se encontró con un presupuesto nacional de tan sólo un millón de dólares. En los países en desarrollo los gobiernos no pueden hacerlo todo por sí mismos debido a la falta de recursos. Al mismo tiempo, en la actualidad casi todos los conflictos traspasan las fronteras nacionales, como bien muestra la dimensión regional de conflictos existentes desde Afganistán y Pakistán a Darfur y Chad. La salida de refugiados hacia países vecinos, como por ejemplo los que se dirigen desde Colombia a Venezuela y Ecuador, puede tensar la inestabilidad regional. De ahí el interés y el valor añadido que tiene para los líderes y organizaciones regionales la resolución de conflictos aparentemente internos.

Cuando en 2008 Kofi Annan ayudó a asegurar el acuerdo entre los líderes políticos rivales de Kenia, continuaba una tradición de recientes procesos de mediación que han tenido éxito en África. Estos procesos incluyen la mediación de Nelson Mandela y del vicepresidente de Sudáfrica, Jacob Zuma, en Burundi en 1999 y 2003 respectivamente, y de ECOWAS (organización regional de África occidental) en 2004 en Togo, y en 2007 en Guinea. Entre 2003 y 2007, la Unión

Europea (UE) desplegó 16 misiones para ayudar a gobiernos y organizaciones regionales (como la Asociación de Naciones del Sudeste Asiático), desde Indonesia a Palestina, pasando por Macedonia y Afganistán. En Darfur, proporcionó fondos –aunque no hizo otras aportaciones más difíciles políticamente, como helicópteros–, a la misión de la Unión Africana (UA), antes de que se desplegara tardíamente la fuerza mixta de la ONU-UA en 2008. Ni la misión de la UA ni el apoyo de la UE fueron tan eficaces como debían, pero juntos hicieron al menos algo para facilitar la angustiosa situación de los darfuríes. Durante 2008-2010, la UA y la UE están colaborando en su primer Plan de Acción encaminado a desarrollar las capacidades de África para la alerta temprana, la mediación y el mantenimiento de la paz, de manera que África pueda hacer más por sí misma, y depender de un apoyo de más calidad por parte de los países ricos.

Apoyo internacional

Al igual que en el caso de la UA y la UE, el desempeño de la ONU es sin duda mixto. Mientras que el Consejo de Seguridad sigue estando profundamente comprometido por la actuación de sus miembros más poderosos que, uno tras otro, bloquean cualquier actuación efectiva que vaya en contra de sus aliados o de sus intereses. Pero a miles de kilómetros de distancia de estos bloqueos, en Nueva York, las misiones de paz de la ONU –60 años después de que en 1948 tuviera lugar la primera en Palestina– se están centrando más que nunca en proteger a los civiles. En 2006, el Consejo de Seguridad determinó que todas las misiones de paz de la ONU debían tener el mandato de proteger a los civiles en peligro inminente. El Consejo reconoció finalmente que el papel de las misiones de paz debe tener un alcance mayor que mantener la paz entre las partes enfrentadas o vigilar una paz frágil. Deben proteger a los civiles del asesinato y la violación, incluyendo la aplicación de la resolución 1325 del Consejo de Seguridad, que insta a que los integrantes de las misiones de paz hagan frente a las amenazas específicas que sufren las mujeres. Se les debe dar el mandato y los recursos necesarios para cumplir su misión con éxito. Y algo fundamental es que ahora deben ser apoyadas mediante el necesario compromiso político de abordar las causas subyacentes del conflicto.

Eric Canalstein/UN Photo

El contingente de India de la misión de Naciones Unidas en Liberia, integrado en su mayoría por mujeres, a su llegada a Monrovia para comenzar su mandato (2007).

Muchas de las iniciativas internacionales de los últimos años han tenido un efecto significativo. En 1997 hubo quien desestimó el Tratado de Otawa que prohíbe las minas antipersonas por considerarlo un mero gesto de la sociedad civil y algunas celebridades, pero en sus primeros 10 años puede haber reducido el número de muertos y heridos por las minas en más de dos terceras partes. Se debe hacer mucho más para liberar al mundo de las minas y de otras armas igualmente indiscriminadas como las bombas de racimo (que en mayo de 2008 más de 100 gobiernos han acordado prohibir), pero el éxito en la práctica del tratado sobre minas ha contribuido a generar el contexto para desarrollar iniciativas de mayor alcance encaminadas a controlar el comercio de armas. Por primera vez existe la posibilidad de que se establezcan controles legalmente vinculantes sobre todas las armas convencionales. En 2006, 153 gobiernos votaron a favor de empezar a trabajar en un Tratado Internacional sobre Comercio de Armas, y para finales de 2008 la Asamblea General de la ONU debe dar otro paso fundamental hacia ese objetivo.

Las guerras actualmente en curso se libran en un mundo en el que hay otros actores importantes además de los gobiernos y los organismos intergubernamentales. En algunos países al menos, las corporaciones privadas están dando pasos eficaces para reducir conflictos locales (no así otras, incluyendo muchos productores de armas y compañías militares privadas). Las agencias de ayuda humanitaria, tradicionalmente confinadas a proporcionar ayuda física, se han dado cuenta de que sus beneficiarios están pidiendo seguridad tanto como agua, alimento y cobijo. Dentro de sus limitadas posibilidades, la ayuda humanitaria está tratando cada vez más de proporcionar esa

En Kebkabiya (norte de Darfur) las cocinas eficientes han reducido el número de viajes que las mujeres tienen que realizar para recoger leña. Durante estos viajes es cuando se exponen al mayor riesgo de ser atacadas (2005).

Oxfam

seguridad. En Darfur y en Chad, Oxfam Internacional enseña a las mujeres a construir cocinas eficientes, lo que ha reducido las veces que se tienen que exponer a un ataque al aventurarse fuera de sus campos para recoger leña.

Hacerlo mal

¿Qué ha ido mal? Si la paz y la protección son de interés para la mayoría y hay buenos ejemplos de los que aprender, ¿por qué continúan las crisis de Darfur o de RDC? Si los gobiernos, la UE, la UA y la ONU pueden hacerlo bien algunas veces, ¿por qué otras lo hacen tan mal?

La respuesta simple es que pocas veces toman la decisión de dar a la protección la prioridad que se merece. Sea con relación a decisiones para condenar crímenes de guerra, imponer sanciones a los que perpetran los abusos o financiar adecuadamente las misiones de paz, la política que da prioridad a la seguridad de los civiles se ve con demasiada frecuencia superada por intereses políticos limitados y cortoplacistas.

En conjunto, el actual orden internacional –EE UU como única superpotencia y los otros miembros permanentes del Consejo de Seguridad de la ONU– ha hecho un pobre trabajo para proteger a la gente que se enfrenta al genocidio y a los crímenes de guerra. El número de conflictos se ha reducido, pero no se ha cumplido la promesa de principios de los 90 de que los civiles estarían básicamente más seguros que durante la Guerra Fría o con anterioridad a ella. Han sido más las ocasiones en las que el Consejo de Seguridad –o para ser más exactos sus miembros más poderosos– no ha cumplido su objetivo de mantener la paz y la seguridad internacionales, que las que sí lo ha hecho. Una y otra vez, ha fracasado al abordar los conflictos (por ejemplo, en Colombia), ha evitado las decisiones duras (como en Chad) o no ha actuado con ninguna efectividad (Darfur), porque uno tras otro sus miembros han dado prioridad a sus estrechos intereses y alianzas por encima de la Responsabilidad de Proteger.

Nuevo orden mundial

Pero el viejo orden mundial está cambiando. El Consejo de Seguridad sufre presiones para que incluya nuevos miembros permanentes como India, Brasil, Alemania y Japón. Rusia ha recuperado su confianza. Las organizaciones regionales están madurando, y la colaboración entre la UE y la UA se está concretando más que nunca. Quizás lo más importante de todo, en palabras del periódico estadounidense *Foreign Affairs* en 2008, es que el mundo afronta 'un profundo cambio en la distribución del poder' a medida que China aumenta su influencia y se hace patente que la posición de EE UU como única superpotencia tras la Guerra Fría no durará siempre.

Este cambio puede empezar a producirse cuando el mundo entra en la tercera década tras la Guerra Fría. La velocidad y el impacto de este cambio siguen siendo inciertos, pero es posible que en 2020 China se sume a EE UU en el liderazgo de un nuevo mundo 'multipolar' en el que India, la UE, Brasil y también otros tengan una importancia no sólo regional sino también global. EE UU puede seguir siendo el país más poderoso, pero como apunta Joseph Nye, profesor de relaciones internacionales de Harvard: 'ser el número uno ya no va a ser lo mismo.'

La cuestión es: ¿va a ser mejor este 'nuevo orden mundial' en la protección de los civiles que el viejo? La respuesta todavía no está clara. EE UU, China y otros van a ser evaluados por sus respuestas a futuras crisis. Pero también por el liderazgo que muestren en los esfuerzos por construir un sistema internacional más eficaz, en el que los gobiernos acuerden y se sometan a reglas para respetar los derechos de las personas en todo el mundo. Un ejemplo obvio es el tratado post-Kioto sobre cambio climático. La Corte Penal Internacional es otro. Pero en el terreno de la paz y la seguridad, el ejemplo más destacado es el Tratado sobre Comercio de Armas que ya se está discutiendo. Este tratado es más que una convención internacional para controlar las transferencias de armas. Será la prueba más clara de si los grandes poderes mundiales pueden trabajar junto con la mayoría de la opinión pública mundial para aprobar reglas globales que satisfagan todos sus intereses. Es su elección.

Elegir el futuro

60 años después de la Declaración Universal de Derechos Humanos y de los Convenios de Ginebra, es hora de actuar de forma más efectiva para hacerlas respetar. *No* necesitamos reinventar el derecho internacional ni la Responsabilidad de Proteger que, ante las peores atrocidades, intentó impulsarlo con un renovado compromiso político. Los Convenios de Ginebra siguen siendo la base del intento de la humanidad de limitar el coste brutal de la guerra. Lo que se necesita ahora es aplicarlos de forma consistente y vigorosa.

Los gobiernos deben hacer todo lo posible para proteger a los civiles, detener las peores atrocidades que ocurren en el mundo una vez que han comenzado, *así como* prevenirlas y prevenir los conflictos que conducen a ellas. Esto requiere mucho más que reaccionar a los acontecimientos mediante la acción militar o iniciativas diplomáticas. Se precisa un nuevo nivel de inversión en 'seguridad humana', un enfoque global para proteger a las personas de todo lo que las amenaza –pobreza extrema, enfermedades mortales, degradación ambiental– así como de la violencia inmediata. Como proclamó la Declaración

Universal de Derechos Humanos en 1948, las personas tienen el derecho a vivir libres de la pobreza y del miedo.

Todo gobierno comparte la Responsabilidad de Proteger a los civiles de los crímenes de guerra, el genocidio y los crímenes contra la humanidad. Esto significa situar la protección de los civiles en el centro de la política, en lugar de tratarla como un compromiso a medias que sólo se cumple cuando otros intereses lo permiten. Pero más que de ningún otro, la responsabilidad es del Consejo de Seguridad porque, como establece la Carta de la ONU, su principal responsabilidad es la paz y la seguridad internacional. Por esa razón, se debe reformar con urgencia la forma en que trabaja. De lo contrario, es poco probable que mejore su actuación.

Rendir cuentas desde el poder

En 2008, el Consejo de Seguridad no responde ante nadie. En un mundo en el que casi cualquier otra organización pública o privada es juzgada por su rendimiento, el Consejo nunca rinde cuentas. La incapacidad de poner fin, después de cinco años, al sufrimiento en Darfur es una muestra palpable de ello.

La reforma del Consejo no debe consistir simplemente en sumarle unas cuantas potencias más. Se le *debe* dotar con urgencia de una mayor transparencia y rendición de cuentas, de manera que todos sus miembros tengan que responder de su actuación en la búsqueda de la paz y la seguridad internacional, incluyendo su Responsabilidad de Proteger.

Campaña de Amnistía Internacional Alemania y Oxfam Alemania en favor de un Tratado Internacional sobre Comercio de Armas. Berlín, junio de 2006.

Mathias John/Amnesty International

Recomendaciones clave: agenda para un mundo multipolar

No hay una solución única frente a los horrores del genocidio y los crímenes de guerra. La protección efectiva y la construcción de la paz no vienen de la aplicación de los acuerdos internacionales o de los esfuerzos locales, requieren ambas cosas y más; hace falta una actuación a todos los niveles, desde las comunidades locales al Consejo de Seguridad de la ONU.

Desde el nivel local hacia el nivel global:

Acción local

- Invertir en la capacitación local:
  - de comunidades para mediar, negociar y resolver conflictos locales
  - de empresas para proporcionar 'medios de vida pacíficos' en las diferentes comunidades
  - de gobiernos para proporcionar a todas las comunidades el mismo acceso a los servicios esenciales y a la tierra, y reducir las desigualdades entre ellas.
- Incluir a las mujeres en todas las negociaciones de paz, desde el nivel comunitario hasta niveles superiores.

Responsabilidad nacional

- Otorgar en cada estrategia militar la máxima prioridad a la protección de los civiles, con una tolerancia cero a los abusos cometidos por las fuerzas de seguridad (incluyendo los abusos sexuales).
- Incorporar a la legislación nacional los Principios Rectores sobre los Desplazamientos Internos, y aplicarlos con rotundidad.
- Reducir los riesgos de renovados o futuros conflictos:
  - creando 'medios de vida pacíficos' para los combatientes desmovilizados, y para quienes están en una situación más vulnerable ante las crisis económicas locales o globales, como un elemento fundamental de una estrategia de reducción de la pobreza
  - proporcionando a todas las comunidades el mismo acceso a los servicios esenciales, incluyendo salud, educación, agua y saneamiento
  - instaurando un sistema judicial y una policía que generen la confianza de que los culpables de actuaciones violentas, incluyendo la violencia sexual, tendrán que rendir cuentas
  - gestionando medidas para la adaptación al cambio climático que reduzcan, en lugar de incrementar, las desigualdades y las tensiones entre diferentes grupos.

Solidaridad regional

UA y otras organizaciones regionales:

- Desarrollar la capacidad y la voluntad para desplegar con rapidez equipos diplomáticos y de mediación que intervengan ante las primeras señales de una previsible crisis.
- Desarrollar la capacidad y la voluntad para aplicar sanciones a líderes políticos y militares, así como incentivos, instrumentos legales y, en casos excepcionales, fuerzas militares para proteger a los civiles.
- Ratificar y aplicar con rotundidad acuerdos regionales para el control de armas a fin de evitar transferencias irresponsables de armamento que conduzcan a violaciones del derecho humanitario o de los derechos humanos, o a socavar el desarrollo sostenible.

UE y UA:

- Para 2010 poner en marcha todas las acciones sobre paz y seguridad del primer Plan de Acción de la Asociación Estratégica de África y la UE.

Comunidad internacional:

- Proporcionar una mayor financiación, segura y predecible, para apoyar a las organizaciones regionales, incluyendo la contribución a misiones de paz autorizadas por la ONU pero llevadas a cabo regionalmente (o un acuerdo alternativo que garantice una financiación completa y segura, transparente, con rendición de cuentas y estándares profesionales para asegurar el uso eficaz de los recursos).

Apoyo internacional

Consejo de Seguridad de la ONU:

- Demostrar su capacidad y voluntad de desplegar con rapidez equipos diplomáticos y de mediación que intervengan ante las primeras señales de una previsible crisis.
- Demostrar una mayor voluntad de proteger a los civiles en crisis nuevas y en las olvidadas, con la oportuna imposición de sanciones a los líderes políticos y militares −confiscación de bienes, prohibición de viajar, etc. − para prevenir y acabar con los crímenes de guerra, los crímenes contra la humanidad y el genocidio, y para reforzar la colaboración con la Corte Penal Internacional.
- Asegurar la mejora continua de las operaciones de paz de la ONU y de otros para proteger activamente a los civiles, incluida la protección de la violencia sexual. Esto debe incluir la preparación de módulos de formación sobre la doctrina de la ONU relativa a la protección de civiles, con un desglose detallado de las medidas específicas que se deben aplicar.

- Pedir al secretario general que proporcione mucha más información, sistemática y a tiempo, sobre las amenazas para los civiles que se deriven de la violencia –incluyendo violencia sexual y de género– y de la denegación del derecho de asistencia.
- Garantizar la formación de todo el personal civil y militar de las misiones de paz de la ONU en lo que respecta a violencia sexual, roles de género específicos de la cultura y desequilibrios de poder en las relaciones entre hombres y mujeres, y entre los integrantes de las misiones de paz y la población local. Toda misión de la ONU debe facilitar al Consejo de Seguridad información completa sobre el peligro de violencia sexual y sus resultados a la hora de reducirlo.
- Detallar en su informe anual a la Asamblea General los pasos que ha dado para cumplir con su Responsabilidad de Proteger. Cada miembro del Consejo debe fomentar esta creciente rendición de cuentas incluyendo en sus declaraciones anuales ante la Asamblea General sus contribuciones específicas para cumplir su Responsabilidad de Proteger. Los miembros permanentes deben renunciar al uso del veto en situaciones de crímenes de guerra, genocidio, limpieza étnica o crímenes contra la humanidad, en curso o incipientes.
- Viajar con mucha más frecuencia a las regiones en las que los civiles corren más peligro, y mantener de forma habitual encuentros privados con representantes de las comunidades más afectadas y con aquellos que trabajan para apoyar sus derechos de protección y de asistencia, así como reuniones abiertas en Nueva York sobre todas las situaciones en curso o incipientes, de crímenes de guerra, genocidio, limpieza étnica o crímenes contra la humanidad.

Para todos los gobiernos, las prioridades deben ser:

- Trabajar para proteger a los civiles, como piedra angular de la política exterior.
- Desarrollar capacidades militares y diplomáticas a nivel nacional que permitan una aplicación efectiva de la Responsabilidad de Proteger.
- Hacer frente a los abusos del derecho humanitario y de los derechos humanos, incluida la violencia sexual, incluyendo los cometidos por aliados.
- Aplicar el derecho humanitario internacional, evitando toda acción militar cuyo impacto sobre los civiles pueda resultar desproporcionado con relación a los beneficios de esa acción militar concreta. Los beneficios inciertos y a largo plazo de una campaña militar no justifican la muerte o el grave sufrimiento de civiles.
- Presionar para que se apruebe lo antes posible y se aplique de forma rigurosa un Tratado sobre Comercio de Armas eficaz, a fin de evitar transferencias